AF254130

L'EUROPE

LA FRANCE ET LES BONAPARTE

PAR

M. L. DRAPEYRON

PARIS

ERNEST THORIN, ÉDITEUR

7, RUE DE MÉDICIS, 7

—

1870

L'EUROPE

LA FRANCE ET LES BONAPARTE

La publication du remarquable travail de M. le comte d'Haussonville, *la France et la Prusse devant l'Europe*, doit être considérée comme un acte de piété filiale envers notre malheureuse patrie. L'illustre écrivain a montré, avec toute l'autorité du savoir, que les Puissances n'avaient pas été moins unanimes que nous-mêmes à faire fête au sinistre personnage qui vient de terminer sa carrière politique, en plongeant son pays et l'humanité entière dans un deuil sans précédent.

En parcourant ces pages que tout Paris a lues, l'idée nous est venue d'expliquer, *d'une manière purement scientifique*, comment l'Europe, qui avait combattu, avec tant de résolution, la tyrannie de Napoléon Ier, a, de gaieté de cœur, laissé, pendant un si grand nombre d'années, Napoléon III au premier plan de la scène politique.

Reportons-nous à quatre-vingts ans en arrière. La Révolution française était apparue aux souverains et aux peuples de l'Europe, comme la démence d'une grande nation. Une coalition, faible et indécise avant la mort de Louis XVI, résolue et obstinée après, s'était formée pour la réfréner. Peu à peu, grâce à nos victoires, l'acharnement fit place au découragement. On finit même par s'apercevoir qu'on pouvait souffrir pour voisine une république, à condition de l'avoir pour amie. Il y eut un moment,—à la suite des traités de Lunéville et d'Amiens,—où tout le monde accepta le nouveau régime de la France. On était, jusqu'à un certain point, satisfait : on s'était résigné au triomphe des principes de 1789, de ce côté du Rhin, comme Louis XIV, un siècle auparavant, s'était lui-même résigné au triomphe de la monarchie parlementaire au-delà du Détroit.

Mais, avec Napoléon Ier, les choses changèrent d'aspect. Tandis que la République n'avait prêché la révolution universelle que comme représailles de l'attaque injuste dont elle avait été l'objet de la part des rois, l'Empire provoqua ces mêmes rois et se plut, par des intrigues perfides et à main armée, à bouleverser les trônes. L'Italie, l'Espagne, l'Autriche, la Prusse, l'Allemagne, furent, au gré du vainqueur, subjuguées ou démembrées.

On s'indigna du renversement de la Papauté, sur laquelle avait reposé tout le monde occidental, de l'élimination des Bourbons, la plus ancienne et la plus illustre des dynasties de l'Europe, et de la brutale expulsion de souverains, moins puissants mais aussi légitimes, tels que ceux de Portugal et de Sardaigne.

Napoléon Ier avait réalisé le type accompli du tyran révolutionnaire. Or l'Europe ne voulait encore ni de révolution, ni de tyran.

Cependant le génie malfaisant de l'Empereur était si universellement détesté, on lui reconnaissait une telle puissance de destruction, que la nation française elle-même semblait dominée et éclipsée par lui. Aux yeux des princes et des peuples, il n'y avait, derrière ce capitaine gigantesque, que la grande armée, c'est-à-dire un instrument aussi docile que redoutable, qui fut brisé dans les campagnes de Russie, d'Allemagne et de France.

A mesure que le colosse parut plus chancelant, les véritables sentiments, dissimulés bien des fois par la diplomatie, se révélèrent. Il devint évident qu'un seul homme avait sérieusement, quoique d'une façon passagère, pactisé avec Napoléon. Nous voulons désigner l'empereur de Russie, Alexandre Ier, qui était, comme tous les czars, un révolutionnaire de sang-froid. Mais, effrayé des proportions démesurées du bouleversement napoléonien, il s'était, avec prudence, arrêté dès qu'il avait eu recueilli *de cette politique dévorante des fruits durables.* Le chef de la maison de Habbsbourg n'avait que bien à contre-cœur accordé à l'aventurier corse la main de sa fille, l'archiduchesse Marie-Louise. Il la réclama dès qu'il le put. Le roi de Prusse, si indignement traité, servit d'intermédiaire entre ces deux grands personnages. L'Angleterre avait été la plus constante ennemie des Bonaparte. *C'était pour elle une question de domination maritime et de liberté aristocratique.*

Malgré l'odieuse tragédie des Cent-Jours, l'Europe fut beaucoup plus sévère à l'égard de Napoléon qu'à l'égard de la France. La France fut ramenée *à ses limites monarchiques, nécessaires et durables.* Napoléon fut relégué à Sainte-Hélène. On brisa l'instrument de nos victoires et de notre servitude, l'armée. Les Bourbons, symbole de la légitimité dans tout l'Occident, le pape, chef du catholicisme, les grands et les petits princes, rentrèrent successivement dans leurs Etats.

Le remaniement territorial, sur les bords du Rhin, s'était fait évidemment contre la France. C'était une mesure de précaution. En effet, ce pays, toujours aveugle partisan de la gloire militaire, aurait pu avoir le désir de recommencer, sous la conduite d'un autre général, l'ère sanglante qui venait de se clore.

On avait remédié, croyait-on, à tous les maux. On se promit une longue tranquillité. La Sainte-Alliance, à ses débuts, annonçait une paix perpétuelle. L'occupation étrangère de notre sol cessa bien avant le temps fixé par les traités de Vienne.

Mais à peine chacun était-il rentré dans ses foyers, que l'amour de la nouveauté faisait explosion en France, et, phénomène inconnu jusqu'alors, dans une grande partie de l'Europe. D'une part, les conspirations militaires et le régicide de Louvel, montraient clairement qu'une nouvelle révolution fermentait dans notre sein. D'un autre côté, on se persuadait de plus en plus que la manie révolutionnaire avait été comme inoculée par nous aux autres pays. Les trônes d'Espagne, de Portugal, de Naples et de Sardaigne chancelaient une seconde fois. L'Allemagne était travaillée par les sociétés secrètes. La révolution de 1820 provoqua, sinon une irritation plus violente, du moins des réflexions plus profondes que celle de 1789. Pour tempérer ce mal, bientôt reconnu chronique, on fit force congrès, dont l'âme fut le premier ministre de l'Europe, Metternich, et quelques interventions militaires, telle que celle de l'Autriche en Italie, et celle de la France en Espagne.

Ce qui caractérise cette époque, c'est le refus ou la suppression, faite par les souverains, des constitutions libérales. La Charte, elle-même, finit par être violée. Don Miguel, les deux Ferdinand, poussèrent à ses dernières limites le despotisme inepte et brutal.

La Révolution de 1830 mit sur le trône de France celui qu'on a justement surnommé *le roi citoyen*, Louis-Philippe, *parce que Bourbon*, ou *quoique Bourbon*. Il fut aussitôt reconnu par l'Europe presque tout entière. Mais on ne lui accorda pas immédiatement le dégré de considération dont il était personnellement digne. Aux yeux de l'empereur de Russie, notamment, la royauté de Juillet était la pire forme de l'usurpation, une sorte de monarchie bâtarde qui n'avait même pas l'excuse de la force brutale. A la longue, néanmoins, en dépit de méfiances persistantes, on lui sut quelque gré du rétablissement progressif de l'ordre. Au bout de dix ans, on ne vit plus de barricades dans Paris. Les troubles d'Italie, d'Espagne, des Pays-Bas, s'apaisèrent. Des constitutions, — sous les auspices de l'alliance anglo-française, — furent données et maintenues. Le libéralisme eut pour limites le Rhin, les Alpes et le détroit de Gibraltar.

Jamais gouvernement français n'avait mieux répondu, sinon à l'état de la France, du moins à celui de l'Europe, et Louis-Philippe avait raison de s'étonner de l'étrange coalition des puissances contre lui, lors des débats touchant la Question d'Orient.

On se ravisa trop tard. Louis-Philippe à peine disparu, il y eut un bouleversement bien plus général et bien plus intime que ceux de 1820 et de 1830. Il est vrai qu'un pape s'était mis, par mégarde, à la tête de la révolution. La Prusse, l'Autriche, furent atteintes aussi profondément que l'Italie et la France elles-mêmes. Paris, Berlin, Vienne, Prague, Rome eurent *leurs journées* et leurs barricades. Bien des princes s'enfuirent ou abdiquèrent. Il n'y en eut que deux qui ne se ressentirent pas de la commotion : le souverain d'Angleterre, qui, vu sa position politique et géographique exceptionnelle, ne se crut même pas menacé, et celui de Russie, qui prêta main-forte à ses voisins pour n'avoir pas à combattre chez soi. C'est grâce au czar Nicolas Ier que l'Autriche, débarrassée de la guerre de Hongrie, put écraser la révolution italienne. L'Allemagne, rebutée, renonça à son parlement national et à son empire germanique. La Prusse, abreuvée de dégoût, laissa la prépondérance à sa rivale, qui représentait, dans leur plus large expression, la légitimité et la réaction.

Cependant, le captif de Ham était proclamé président de la République par le peuple français, qui s'était bien sottement épris d'un grand nom et d'un petit homme.

Chose étrange ! la France ne gardait plus aucun souvenir des crimes et des hécatombes du premier empire. Un patriotisme affolé, les chansons de Béranger, les odes de Victor Hugo, l'histoire du *Consulat et de l'Empire*, les calculs politiques de Louis-Philippe, maladroit par excès de finesse, ne permettaient plus de voir dans Napoléon que le dominateur de l'Europe et le génie le plus imposant des temps modernes.

L'Europe, par une étrangeté plus grande encore, en était arrivée à la même manière de voir. Napoléon, comme Dieu de la force brutale disciplinée, avait, au dehors, des millions de sectateurs. Partout, en Allemagne, jusqu'en Russie, son image, fidèlement reproduite, était, dans les moindres chaumières et dans les palais, l'objet d'une sorte de culte qui primait celui du souverain régnant. Par contre, les souvenirs sanglants de l'époque impériale subsistant toujours, c'est sur le peuple français qu'on les rejetait sans hésitation et sans examen. D'ailleurs, la France n'était-elle pas toujours le foyer des révolutions, et les bouleversements extérieurs n'étaient-ils pas toujours précédés par une catastrophe initiale en France?

Les conservateurs en France et en Europe, c'est-à-dire l'immense majorité, se persuadaient de plus en plus que les Bonaparte étaient la dynastie française nécessaire, *seule capable de durer et d'exercer une compression suffisante.*

L'auteur de tant de complots contre le Pape, contre le Czar, contre Louis-Philippe, était bien transfiguré. Il venait de sauver le Pape, réfugié à Gaëte; il avait merveilleusement collaboré avec le Czar et l'Autriche, et il n'avait limité le triomphe de cette dernière puissance que pour assurer l'équilibre européen, ce qui lui conciliait l'estime et l'admiration de tous.

Au moment où le coup d'État s'accomplit, et où l'Empire fut restauré avec l'approbation de sept millions cinq cent mille suffrages, l'Europe consultée n'aurait pas été moins unanime que la France.

Ce n'est pas toutefois que nos voisins, aussi naïfs que nous, aient cru aux nobles qualités et à la légitimité de Napoléon III. Ils voulaient bien l'avoir pour *ami politique*, mais nullement pour parent. Aventurier, il fut réduit à épouser une aventurière, qui s'empara de lui à peu près de la manière dont il s'était saisi de la France.

Que Ferdinand II, roi de Naples, ait, quoique Bourbon, devancé, pour ainsi dire, le peuple français dans l'expression de son enthousiasme, et reconnu l'empire avant sa proclamation officielle, cela n'a vraiment rien d'étonnant. «Qui se ressemble s'assemble,» dit le proverbe. Au despote *Bomba* revenait naturellement l'honneur de saluer le premier, du nom de frère, l'auteur du coup d'État de décembre.

François-Joseph et Schwartzenberg, qui avaient mis à néant tant de constitutions, mais qu'inquiétait le maintien du Statut Piémontais, se rassuraient complétement en voyant assis sur le trône de France un dictateur tout-puissant.

Frédéric-Guillaume IV, roi de Prusse, se réjouissait du contre-poids que les circonstances donnaient aux Habbsbourg, ennemis traditionnels des Hohenzollern.

L'Angleterre, sous la reine Victoria, toujours préoccupée de la grave question d'Orient, n'était pas moins joyeuse de penser que toute tentative de de la Russie contre l'empire turc resterait stérile, tant qu'un Napoléon gouvernerait la France.

Le czar Nicolas, égaré par l'histoire du premier empire, ne doutait point que l'inimitié séculaire de l'Angleterre et de la France ne se réveillât, par le fait même de l'avénement d'un Bonaparte, et qu'il ne trouvât facilement un complice de ses desseins contre Constantinople.

Tout le monde lutta donc de prévenances et d'obséquiosité envers Napoléon III ; seul, le duc de Modène accueillit avec dédain ou avec effroi le parvenu, soit qu'il voulût rester obstinément fidèle à la vieille théorie du droit divin, soit qu'il prévît le sort qu'un Napoléon réservait aux petits princes de l'Italie et de l'Allemagne.

La guerre de Crimée ne compromit pas, tant s'en faut, l'excellente situation politique de Napoléon III. La reine Victoria, le roi Victor-Emmanuel, ses alliés, étaient venus le saluer dans Paris même. La Suède avait eu hâte de se liguer avec nous. L'Autriche avait penché manifestement en notre faveur. La Prusse, malgré les liens qui l'unissaient au czar, n'avait montré envers nous aucun mauvais vouloir.

Alexandre II, lui-même, ne ressentait pas d'éloignement pour celui qui avait causé la fin prématurée de son père. Il se hâta de terminer une guerre qui lui répugnait. Il accepta le traité de Paris, et se laissa gagner par les caresses byzantines de M. de Morny.

Napoléon III avait triomphé même du dédain aristocratique des vieilles dynasties.

On avait confiance en lui. Il avait, dix années durant, donné des gages éclatants à l'ordre public, en France et au dehors. C'est pourquoi l'attentat d'Orsini fut universellement réprouvé par les amis de l'empereur comme criminel, et par ses adversaires comme inutile.

Mais le révolutionnaire ne faisait que sommeiller chez l'auteur des conspirations de Forli, de Strasbourg et de Boulogne.

L'inquiétude d'esprit commune aux Bonaparte, l'action puissante du prince Napoléon sur son cousin, le désir effréné de faire grand pour tenir la France en haleine : tout cela jeta, après un repos trompeur, le Bonaparte sournois sur la voie suivie par le Bonaparte violent.

Alors fut entreprise, à l'instigation de Cavour, l'affaire italienne. Dans cette guerre, malgré une entrée en campagne audacieuse, Napoléon III semble avoir voulu concilier les causes les plus diverses : celles du Pape et de Victor-Emmanuel, du catholicisme et du libéralisme, de la légitimité et de la révolution.

Les partis opposés, en France et en Europe, se laissèrent longtemps tromper, et chacun prétendit avoir dans son camp l'Empereur des Français. A la longue, il devait s'aliéner les uns et les autres.

Pour les souverains, la désaffection fut plus

prompte. Ce n'est pas sans appréhension et sans colère qu'ils virent crouler les trônes de Naples, de Parme, de Modène, et chanceler celui de Rome. Mais, comme plusieurs d'entre eux avaient des instincts ou des projets révolutionnaires, aucune mauvaise disposition ne se trahit encore. Toutefois les débats soulevés par la diplomatie touchant l'annexion de Nice et de la Savoie étaient un indice non équivoque qui eût dû faire réfléchir Napoléon III.

L'Angleterre s'éloigna la première, malgré l'effort fait pour la retenir par le traité de commerce. C'est que l'Angleterre est le pays libéral et conservateur par excellence.

Par inimitié pour l'Empereur, elle se chargea d'accélérer la révolution, qui avait eu son point de départ dans l'expédition d'Italie. Elle finit par ne plus reconnaître de dynasties légitimes que celles de Hanovre, de Cobourg, et de Hohenzollern, c'est-à-dire la sienne et ses alliées. Elle livra les Bourbons et le Pape aux entreprises de Garibaldi.

Désormais il n'y avait pour Napoléon III d'autres alliances possibles que celles de la Prusse et de la Russie.

La Russie se fût volontiers unie d'une manière intime à Napoléon III. C'est, en définitive, la nation qui répugne le moins aux alliances révolutionnaires, parce qu'elle est *autocratique*. Elle eût combattu avec nous l'Autriche, la Prusse, n'importe quelle puissance.

Mais Napoléon III s'était déjà laissé enjôler par M. de Bismarck, qui trouvait, pour ses desseins ultérieurs, un terrain admirablement préparé par Cavour. La doctrine des nationalités rendait possibles toutes les convoitises et toutes les tentatives.

Survint l'affaire de Pologne. Entraîné par le prince Napoléon et par M. de Montalembert, par la ligue des libéraux et des cléricaux, Napoléon III entreprit, en faveur de la Pologne, une campagne diplomatique, d'où la politique européenne, la politique française en particulier, sortit honnie et conspuée. Alexandre II ne lui pardonna pas son attitude. D'accord avec l'Angleterre, il fit échouer le congrès proposé par l'Empereur avec tant de solennité. Son union avec la Prusse, qui avait su ménager ses susceptibilités, devint dès lors cordiale.

La Prusse n'en restait pas moins notre confidente. Voilà pourquoi, après un appel platonique au suffrage universel, nous laissâmes consommer la spoliation du Danemark, cause première de tous nos malheurs. La Prusse traînait l'Autriche à la remorque avant de l'accabler.

M. de Bismarck, hypocrite raffiné, ne tarda pas à démêler dans Napoléon le *fourbe niais*, qui n'avait d'autre dessein que de mettre aux prises la Prusse et l'Autriche, afin de conquérir les bords du Rhin.

On trompa l'Autriche, on donna à Maximilien le trône séduisant, mais fatal, du Mexique; secrètement, on ménagea à la Prusse l'alliance italienne. Afin de dissimuler cette intrigue ténébreuse, le prince Napoléon fut chargé de lancer contre l'Autriche un manifeste incendiaire qui fut démenti par une lettre venue d'Alger.

Les événements n'en suivirent pas moins leur cours. L'Autriche, dont les mains étaient liées, subit le désastre de Sadowa et fut exclue de l'Italie et de la Confédération allemande.

La *neutralité attentive* et la médiation illusoire avaient rendu la situation de Napoléon III tout à fait précaire. L'Autriche voyait en lui l'auteur volontaire ou inconscient de tous ses maux; l'Allemagne, après l'affaire du Luxembourg, le regardait comme un ennemi irréconciliable; la Prusse, comme une dupe qui épiait l'occasion d'une revanche.

Le mécontentement de la Russie s'aggrava par l'intervention incessante de la France dans la question d'Orient, celui de l'Angleterre par des menaces perfides contre la Belgique.

L'Italie partageait d'une manière assez équitable sa reconnaissance entre la Prusse et la France, quand eut lieu le [massacre de Mentana, qui nous l'aliéna complétement.

Le terrain manque alors sous les pas de Napoléon III. De plus, il est claquemuré dans son empire; c'est à peine s'il conserve une ouverture sur l'Europe, Rome, et s'y cramponne. Il dessine une politique brutalement réactionnaire au dehors. Dominé par l'impératrice, il prend pour alliée la reine Isabelle. Mais il s'est rendu odieux à toutes les dynasties par l'issue funeste de l'expédition du Mexique. Maximilien, abandonné à la vengeance de Juarez dans Queretaro, excitait un deuil aussi profond que le duc d'Enghien fusillé dans les fossés de Vincennes. Le faiseur de rois s'était, par son ineptie, transformé en régicide.

Les souverains n'en répondirent pas moins à l'invitation que leur adressait Napoléon III pour les solennités de la plus brillante des Expositions universelles. Mais on remarqua qu'ils formèrent volontairement *plusieurs séries*, d'après leurs affinités secrètes ou avouées. Seul, *l'Homme malade* consentit à se poser en client de l'empereur des Français. L'empereur d'Autriche parut le dernier, pour visiter les tombeaux de ses ancêtres et pour montrer qu'il savait pardonner. Quant au czar et au roi de Prusse, ils semblèrent n'être venus qu'afin de se rendre un compte exact de la décrépitude du gouvernement impérial. Ils firent route et séjour ensemble, toujours flanqués de leurs premiers ministres, Bismarck et Gortschakoff. Ils accordèrent un coup d'œil bienveillant à cette armée française, si brillante et si mal organisée, qui, au bout de quelques mois, devait remplir les forteresses de l'Allemagne. D'ailleurs, Paris ne fut pour eux qu'un lieu de plaisir, et Napoléon III qu'un amphitryon aussi vulgaire qu'opulent.

A la fin de l'année 1868, pour la première fois depuis dix siècles, les Capétiens étaient complétement évincés. La succession d'Isabelle II fut elle-même l'occasion de la chute définitive des Bonaparte. Napoléon III, en voulant écarter du trône d'Espagne un prince de la famille d'Orléans, se créa un danger bien autrement sérieux et immédiat, la candidature d'un Hohenzollern !

Lorsque M. de Gramont fit, à la tribune, la déclaration aussi maladroite que fière qui fut le point de départ de l'immense conflit dont nous sommes les témoins, on ne songeait guère, en France et en Europe, à la chute probable ou même possible de Napoléon III. L'opposition se voyait frustrée des résultats de dix années d'efforts ; le monde de la politique croyait que nous étions condamnés aux Bonaparte à perpétuité. On se résignait à voir la France *pourrir*, tout en se défiant sans cesse d'une explosion.

Le ministère Ollivier avait prescrit à M. de Benedetti d'accumuler toutes les maladresses et toutes les insolences nécessaires pour amener immédiatement une rupture diplomatique, un *casus belli*, un *ultimatum*, et une guerre. Napoléon III, qui se croyait prêt, ne voulait pas laisser à Guillaume Ier le temps de se préparer.

On partait en guerre le *cœur léger*. M. de Bismarck agissait tout autrement. Il donnait aux puissances toutes les garanties verbales ou écrites qui devaient apaiser leurs inquiétudes. Pour enlever tout crédit aux assurances de son adversaire, il livrait à la publicité des combinaisons ténébreuses qu'il avait encouragées, sans doute, mais dont il avait laissé le libellé et la responsabilité à M. Benedetti, son éternel plastron.

Le mépris que l'on ressentait pour Napoléon III devint universel et rejaillit nécessairement sur la France. Les petits Etats, qui craignaient surtout la Prusse, virent que notre alliance n'offrait aucune sécurité. Les grandes puissances, qui croyaient à la modération du roi Guillaume, ne redoutaient que notre triomphe, et se proposaient d'intervenir si nous avions le dessus.

Cela n'empêcha pas le gouvernement français, auquel le mensonge était devenu familier, de prétendre que toute l'Europe nous était sympathique.

Nous fûmes complétement vaincus à Wissembourg, à Forbach et à Reichshoffen, et notre territoire envahi. Nos voisins n'éprouvèrent ou ne trahirent aucune alarme. En Angleterre, le *Times* commença sa campagne prussienne ; la Russie envoya des félicitations au prince royal ; l'Italie se réjouit ouvertement d'un désastre qui lui donnait Rome ; l'Autriche fut, et pour cause, la plus sage personne du monde ; et quant à l'Espagne, elle se crut redevenue une grande puissance, puisqu'elle avait mis la moitié de l'Europe en feu.

L'empire organisa à la hâte de nouvelles armées. Palikao, en s'efforçant de préparer une revanche dont Napoléon III aurait tout l'honneur, dissimula les défaites éprouvées par Bazaine. « Bazaine, disait-il, exécutait son plan le plus librement du monde. Les armées ennemies étaient précipitées dans les carrières de Jaumont, etc. » En même temps, par crainte d'une révolution à Paris, il lançait Mac-Mahon vers les Ardennes et amenait ainsi la capitulation de Sedan !

Le sénat, le corps législatif et l'empire lui-même disparurent le 4 septembre, lorsque la capitale apprit le honteux désastre auquel Napoléon III avait présidé.

Le jour même où, grâce aux Prussiens et à l'in-

tervention opportune de la garde nationale, s'é-
croula l'édifice dont on nous avait promis le cou-
ronnement, nous nous sommes écriés : « La France
ne veut pas des Bonaparte pour fossoyeurs ! »

Par malheur, le fossé était déjà creusé, et la pré-
occupation du nouveau gouvernement eût du être
de le combler au plus vite.

Rien ne semblait plus facile au premier abord. Ceux
qui venaient d'arriver au pouvoir avaient, au nom
de l'humanité et de la liberté, condamné la guerre
présente. Ils pensaient que leur avénement devait
terminer immédiatement le conflit.

Cette interprétation renfermait une part de vé-
rité et beaucoup d'illusion. Sans doute, la captivité
et la déchéance de Napoléon III étaient une satis-
faction donnée à l'opinion publique, et on était dis-
posé à nous en tenir compte *dans une certaine mesure*. Mais, depuis longtemps, on s'était habitué à
ne plus distinguer bien nettement Napoléon III de
la nation française (1). On faisait peser sur nous, et
avec raison, une lourde responsabilité dont il était
malaisé de nous débarrasser. En 1814, le grand cou-
pable, aux yeux de tous, c'était Napoléon ; en 1870,
c'était la France.

Avec de la prudence, de l'énergie et de l'esprit
d'organisation, on aurait pu conduire à bonne fin
la mission, si importante et si glorieuse, de séparer
la cause de la République de celle de l'Empire (2).

---

(1) C'est ce qu'indiquait l'adresse du Reischstag au roi Guillaume.

(2) Cette nécessité avait pourtant été démontrée en temps utile
par M. Séligmann, dans *un Mémoire sur la politique extérieure de
la France*, remis à M. Jules Favre, plusieurs jours avant son départ

République française n'est pas considérée en Europe comme synonyme de *Paix*. L'Europe, qui se rappelle surtout notre grande Révolution, sait fort bien que la République française avait fini par être franchement guerrière, et que c'est précisément la guerre, convertie en système, qui avait donné naissance à l'Empire français. Ainsi, pas de démarcation suffisamment établie entre les deux régimes qu'on oppose chez nous l'un à l'autre.

La République de 1870 aurait dû imiter la République de 1848.

Que dis-je? elle aurait dû être bien plus modeste encore, parce que la France était vaincue. *Modeste*, qu'on le sache bien, ne veut pas dire *honteuse*. Il fallait montrer qu'on faisait, au dedans comme au dehors, tout autrement que le gouvernement déchu.

Un conseil solennel de ceux qu'on saluait du beau nom de Défenseurs de la Nation, s'inspirant de cette conviction, aurait pris les mesures suivantes :

Convocation immédiate d'une assemblée nationale à Tours ;

Élection des conseils municipaux, avec maires et adjoints, *même à Paris ;*

Formation de conseils provinciaux, dont les membres eussent été tirés du sein des conseils municipaux ;

Envoi de commissaires républicains régionaux, pris dans les provinces qu'ils auraient à régir ;

Bon choix de préfets, dans les mêmes con-

pour Ferrières. L'auteur indiquait une nouvelle politique qui eût offert à la République française, engagée dans une impasse, le moyen d'en sortir avec profit et dignité. (Thorin, 7, r. de Médicis.)

ditions, strictement subordonnés aux commissaires;

Levée en masse, mais par catégories, et d'après les principes qui prévalent en Prusse;

Délégation immédiate de plénipotentiaires chargés de signifier aux puissances, notamment au roi de Prusse, ces résolutions.

La circulaire du ministre des Affaires Étrangères, contresignée par tous ses collègues, pouvait établir nettement la démarcation de l'ère qui venait de se clore, et de celle qui commençait, en développant les idées suivantes:

1° Les Bonaparte ont enlevé à la France sa vieille renommée de modération et de loyauté;

2° Ils ont bouleversé le continent, mis à la mode les remaniements de territoire, les démembrements, les annexions. Ils l'ont fait tout d'abord à leur profit, réel ou apparent, mais ils ont fini par consommer leur propre ruine, et c'était justice;

3° La France s'est laissée entraîner à la guerre par la coterie de Décembre et par la police. Son amour de la gloire a, un instant, entravé ses sentiments d'équité;

4° Elle répudie à jamais les Bonaparte et les tyrans révolutionnaires qui voudraient faire comme eux, parce que ces nouvelles dynasties sont tentées de mettre les anciennes dynasties hors la loi, et sont mises hors la loi par elles. La France ne veut plus d'un régime qui la condamne à une lutte perpétuelle et illimitée, sans système d'alliances;

5° Elle veut la République modérée, parce qu'elle

veut absolument s'en tenir désormais à une politique purement scientifique, et qu'il lui faut pour cela exclure de son sein les compétitions Légitimistes, Orléanistes, Bonapartistes ;

6° Elle offre à la Prusse tous les dédommagements, toutes les garanties compatibles avec son honneur et avec son existence. Le dédommagement consistera en une indemnité pécuniaire ; — la garantie, dans le démantèlement des places fortes de la frontière rhénane. Il n'y a qu'une cession de territoire qu'elle repousserait énergiquement, parce que toutes ses provinces forment, grâce à une réunion plus que séculaire, un tout homogène, ces mêmes provinces que l'Europe voulut nous maintenir en 1815 ;

7° Elle propose un congrès européen pour l'étude des questions pendantes, et une ratification du traité de paix par le suffrage universel en France, et, si on le juge à propos, en Allemagne.

Cette ligne de conduite, que nous tracions dès lors, n'a pas été suivie.

On a négligé de convoquer une Assemblée nationale, des conseils provinciaux, des conseils municipaux ; — de nommer des commissaires et des préfets *sérieux* ; — de lever la *landwehr* et la *landsturm* françaises. Il en est résulté une sorte d'*émiettement* de la France ; chaque département, chaque ville a eu sa manière spéciale d'envisager la question. Aux uns, le danger a paru trop immédiat, aux autres, il a paru suffisamment éloigné. Les villes les plus enthousiastes n'ont pas même eu le sentiment du péril. Lyon, Marseille, Paris, ont présenté ce spectacle singulier. C'est Paris qui, tout naturellement, a pesé sur les déterminations du Gouvernement. Or, à Paris, tandis que les modérés, qui formaient l'immense majorité, faisaient en silence des vœux pour le rétablissement de la paix, les exaltés ne cessaient de répéter que la lutte devait continuer ; que la République, en quelques jours, vengerait les injures de l'empire ; que c'était pour elle l'unique moyen de se fonder, etc. On allait visiter patriotiquement la statue de Strasbourg, devenue la madone de la République ; on assiégeait l'Hôtel-de-Ville, et au programme de M. Jules Favre : pas *un pouce* de notre territoire, pas *une pierre* de nos forteresses, on ajoutait : *Pas un centime, pas d'armistice.* Quels étaient les héros qui vociféraient ainsi ? des batailleurs effrénés ? Nullement. C'étaient les partisans de la commune, qui, pour renverser le Gouvernement, trouvaient politique de l'accuser de faiblesse et même de trahison. Or, la commune n'aurait pas eu même de prétexte, si on eût procédé à l'élection d'une municipalité.

Il sera difficile de nous réfuter quand nous affirmons que *la défense nationale* fit trois grandes fautes :

1° Elle se défia de la France en ne convoquant pas d'Assemblée nationale ;

2° Elle se défia de Paris en ne convoquant pas de municipalité ;

3° Elle se montra faible à l'égard d'un certain parti qu'elle écarta du pouvoir, tout en lui prenant son programme politique.

M. Gambetta est responsable, peut-être plus que

personne, de ces illusions et de ces erreurs. C'est lui, en effet, qui nous engagea dans une imitation servile de 1792. Quand je dis imitation servile, je ne parle, bien entendu, que de l'attitude, du langage, etc., car je cherche en vain la Convention, la Commune, le Comité de salut public, l'organisation militaire et politique qui firent, à la fin du XVIIIe siècle, le salut de notre patrie.

Aux antipodes de M. Gambetta était, comme on le sait, M. Ernest Picard. M. Picard n'est pas un enthousiaste. Mais, en France, ce sont les sceptiques qui doutent le moins de la réalité. A coup sûr, il ne manqua pas de prévoyance. Manqua-t-il d'énergie? La journée du 31 octobre ne semble pas l'indiquer. Force est donc de confesser que ses collègues ne voulurent pas l'écouter, et que la rhétorique l'emporta sur le scepticisme.

M. Jules Favre alla timidement à Ferrières. Au retour, il crut devoir s'excuser d'une démarche qui, faite plus tôt, avant la rédaction d'un programme inflexible, et avec plus d'espoir de réussite, eût, en effet, abouti.

Dans ce colloque, le grand orateur ne sut pas démêler les conditions de la paix et les conditions de l'armistice, pas plus que les alternatives mises en avant pour une suspension d'armes.

Il sut très-bien démêler, au contraire, l'ambition effrénée de M. de Bismarck, et il s'empressa de la dénoncer à la France et à l'Europe.

Il n'apprit rien de nouveau à la France et ne désillusionna pas l'Europe.

M. de Bismarck, dans ses rapports diplomatiques, montra la France vaincue, défiant son vainqueur, voulant à tout prix la guerre, puisqu'elle refusait les garanties de la paix; il fit même douter de la légitimité et de l'autorité du gouvernement qui, né des hasards d'une révolution, refusait de se faire consacrer et de se laisser contrôler par une Assemblée nationale.

Paris était investi et sans communications suffisantes. La désorganisation suivit son cours; Strasbourg, Metz, en l'honneur desquels on avait refusé l'armistice, et qu'on n'avait d'ailleurs pas secourus, capitulèrent. Nous n'eûmes aucun succès dans nos tentatives pour élargir nos lignes autour de la capitale.

Cependant M. Thiers, l'homme politique incontestablement le plus capable de France, faisait en Europe une tournée diplomatique restée célèbre. Le peu que nous savons de cette tournée montre quel profit nous en aurions pu tirer, si le Gouvernement de la défense nationale eût suivi la voie que nous indiquions tout à l'heure.

A Londres, à Pétersbourg, à Vienne, à Florence, les souverains et les peuples ont témoigné à M. Thiers beaucoup de considération et de bienveillance. Cela ne nous étonne point. On fut heureux de voir le citoyen, aussi clairvoyant que patriote, qui avait prévu et qui aurait prévenu, si l'empire l'avait permis, tant d'erreurs et d'iniquités. Le czar ne lui marqua pas de rancune pour son attitude dans la question d'Orient, et Victor-Emmanuel oublia volontiers qu'il lui avait, quelques années auparavant, interdit Rome. L'empereur François-

Joseph se souvenait que l'historien du *Consulat et de l'Empire* n'aurait jamais autorisé Sadowa. Enfin, M. Gladstone s'inclinait volontiers devant le défenseur énergique des *libertés nécessaires*.

C'était un succès personnel qui aurait pu devenir un succès national. Alexandre II avait écrit au roi de Prusse, son oncle, une lettre pour l'engager à modérer ses exigences, etc. Les quatre grandes puissances, avec l'Espagne, offraient leurs bons offices et faisaient savoir à M. de Bismarck qu'elles verraient avec plaisir l'armistice se négocier.

Notre mauvais sort voulut que l'ouverture des conférences de Versailles coïncidât avec la capitulation de Metz et la surprise du Bourget.

Ces deux événements fâcheux, qui augmentaient les espérances et les prétentions du roi Guillaume, donnaient au parti de la Commune l'audace qui lui avait fait défaut jusqu'alors. MM. Thiers et Trochu furent ouvertement accusés de vouloir livrer la France aux Prussiens. Le Gouvernement, prisonnier dans l'Hôtel-de-Ville, ne dut son salut qu'à l'un de ses membres, qui, moins naïf et plus habile que ses collègues, avait, quoique avocat, fait trêve aux discours pour se rendre à son ministère et pour envoyer partout des ordres.

La journée du 31 octobre complétait, pour le chancelier de la Confédération germanique, le succès des journées de Metz et du Bourget.

L'armistice échoua sur la question du ravitaillement.

M. de Bismarck continua à nous accuser de n'avoir jamais voulu d'Assemblée et de pacification. Il nous représenta aux puissances comme un peuple anarchique.

L'Europe se persuada de plus en plus que l'équilibre européen n'était pas intéressé au salut de la France, ce foyer de révolutions.

La Prusse eut tout le loisir désirable pour continuer autour de Paris, et sur un tiers de notre territoire, son œuvre de désorganisation.

Elle fut heureuse des compétitions légitimistes, républicaines, dont chacune avait son centre.

Elle jugea à propos de déchaîner le Bonapartisme, qui semblait mortellement frappé depuis la reddition de Metz.

Les chefs bonapartistes, réfugiés à Londres : Rouher, Persigny, etc.; les généraux internés en Allemagne : Bazaine, Lebœuf, Canrobert, etc., se donnèrent rendez-vous à Wilhemshōe auprès de l'empereur Napoléon III.

Des conférences commencèrent, par les soins de la Prusse. Elles furent, dit-on, assez confuses, et l'on y vit le maréchal Bazaine et l'impératrice se disputer, assez plaisamment, une régence hypothétique.

Si nous en croyons certains indices, les États de l'Europe, tout en méprisant profondément Napoléon III, ne seraient pas loin de penser, à la fin de 1870, comme en 1852, que la dynastie des Bonaparte est seule capable de préserver l'ordre public en France.

Il pourrait se faire que nos voisins vissent avec plaisir l'installation d'un Napoléon IV, tyran implacable et redouté au dedans, — au dehors, vassal d'un empereur d'Allemagne.

Déjà l'Empereur semble se préparer à ce rôle : il dénonce la France comme l'ayant contraint à cette guerre funeste ; il dénonce la République comme étant un fauteur d'anarchie ; tous ses sujets comme des lâches qui n'ont osé se révolter que lorsqu'il a été à terre. Il promet, cet homme pacifique, sage et loyal, le démembrement, le tribut, la docilité. Il n'aspire plus qu'au rôle d'un Prusias ou d'un Nabis.

Nous ne croyons pas, pour notre part, à la restauration des Bonaparte. Il n'y a même plus de Cent-jours possibles pour cette dynastie. M. de Bismarck n'a-t-il pas dit récemment à M. Thiers, en parlant de l'ex-empereur : « Il a réussi à enterrer jusqu'à son oncle. » Les trois cent mille hommes dont son ineptie a causé la captivité, ne se tourneraient pas contre leur patrie pour imposer un tyran que tous les Français honnêtes repousseraient à main armée.

Mais l'émigration bonapartiste, encouragée par M. de Bismarck, qui l'utiliserait comme un nouvel élément de discordes civiles, peut tenter je ne sais quelle aventure criminelle, en arborant un aigle plus ridicule et plus démodé que l'aigle *au lard* de Boulogne.

Si nous voulons conserver la liberté et recouvrer notre indépendance nationale, maintenons la république modérée, et repoussons tous les autres partis, afin de n'avoir pour maîtres ni les Hohenzollern, ni les Bonaparte.

Les essais de pacification ont échoué pour le moment. On peut se demander quelle sera l'issue de cet immense conflit.

Problème difficile, à coup sûr, mais non insoluble, à ce que nous croyons.

Appliquant à cette question la méthode scientifique, qui ne s'inspire pas des caprices de l'imagination ou du sentiment, nous affirmons que trois hypothèses seulement sont admissibles :

I. Ou bien la Prusse nous écrasera en renouvelant contre la France républicaine ce qu'elle a fait contre la France impériale à Sedan et à Metz. Dans ce cas, la guerre sera courte et nous subirons le joug des Hohenzollern. La conséquence lointaine serait une germanisation plus ou moins vaste, plus ou moins rapide, plus ou moins profonde des pays situés au delà du Rhin.

II. Ou bien la France résistera péniblement, mais avec ténacité, et s'avancera en lignes serrées contre les envahisseurs, et alors le champ de l'invasion sera limité par la chaîne de l'Argonne et des Ardennes. La lutte sera longue, mais elle pourra être victorieuse. Les deux pays seront ruinés.

III. Ou bien enfin les deux nations comprendront que rien n'est plus dangereux que *les conquêtes à fond et que les revanches à fond*. La Prusse renoncera au *démembrement* de notre territoire, et la France au point d'honneur républicain.

Laquelle de ces solutions est la plus probable ? *Le système d'outrance* où l'on est engagé de part et d'autre nous empêche d'espérer la *paix* avant la ruine de l'un ou des deux belligérants.

La germanisation ne nous semble pas pouvoir se faire sur un fond qui est, croyons-nous, bien réfractaire.

La ruine des deux nations a beaucoup plus de chance de se réaliser.

Dès le début de la guerre nous écrivions : « Il s'ouvre, je crois, un abîme où seront engloutis les politiques et les niais, Bismarck et Napoléon III, les Hohenzollern et les Bonaparte, et qui sait? l'Allemagne et la France. »

Et quelques jours auparavant : « Cette guerre s'annonce comme la lutte entre le despotisme césarien qui prévaut chez nous et la monarchie féodale de droit divin de la Prusse. »

Aurons-nous, Allemands et Français, la triste consolation de dire que cette guerre était inévitable?

Nous le savons : de l'allure générale d'une époque et des divers éléments mis en présence résultent des effets nécessaires.

Ainsi, nous voyons parfaitement que l'agression injuste de la Prusse, en 1792, fut le point de départ d'une immense conflagration sous la République et sous l'Empire.

De même, le désastre d'Iéna détermina l'adoption d'un nouveau système militaire qui a fait la puissance de la Prusse.

Valmy et Jemmapes avaient été le digne châtiment des insolences du duc de Brunswick; Leipsick et Waterloo furent le digne châtiment des violences de Napoléon Ier.

Grâce aux Bonaparte, la Prusse, avec sa landwehr, son université de Berlin, la religion évangélique, son Zollverein, devint l'espoir de l'Allemagne.

Au moment où les Allemands hésitaient encore à se confier aux Hohenzollern, les Bonaparte revinrent et firent cesser toutes leurs incertitudes.

Le *Nationalvoroin* se constitua. Napoléon III favorisa la Prusse par spéculation, puis menaça l'Allemagne par ressentiment. Double faute que nous devions expier.

Oui, tous ces événements s'enchaînent ! Et cependant la guerre présente n'était pas inévitable.

Deux trains lancés à toute vapeur, sur une même voie, ne peuvent que s'entrechoquer et s'entredétruire ; mais, ne pourrait-on pas établir une double voie ou modérer la vapeur ?

La vieille politique traditionnelle, celle des Metternich, des Louis-Philippe, a l'avantage de ralentir la marche, mais elle ne creuse pas les deux chemins parallèles. Elle déclare certaines guerres *nécessaires*, pourvu qu'elles soient opportunes et suffisamment préparées.

La politique scientifique, à laquelle nous appartenons, s'efforce de supprimer les obstacles. Elle sait qu'il y a des passions qui s'amortissent sous l'influence du progrès.

Quand vous voulez supprimer les obstacles, adressez-vous à la raison et non au fanatisme.

Montrez les funestes conséquences de certains projets, au lieu d'en montrer le côté séduisant ou glorieux.

Faites-vous l'instituteur et non le courtisan de ce qu'on est convenu d'appeler les masses.

Demandez à l'histoire des conseils de prudence ; ne légitimez pas, en l'invoquant, des violences funestes.

L'Allemagne et la France auraient pu vivre en bonne intelligence. Elles se sont entre-égorgées parce qu'elles ont docilement obéi :

1° A la centralisation ;

2° A une dynastie ;

3° Au militarisme ;

4° A la diplomatie.

Oui, cette guerre odieuse est née de l'excès de la centralisation, de l'orgueil dynastique, des armées permanentes, et des intrigues d'une diplomatie ténébreuse.

Une fois cet immense conflit terminé, que les peuples s'instruisent, et que les hommes instruits sachent réfléchir et vouloir.

Le 28 novembre 1870.

Paris. Typ. A. Parent, rue Monsieur-le-Prince, 31.